PÉTITION

ADRESSÉE AUX DEUX CHAMBRES,

PAR LA COMMUNE

DE

CHATEAUNEUF-CALCERNIER,

DÉPARTEMENT DE VAUCLUSE.

PÉTITION

ADRESSÉE AUX DEUX CHAMBRES,

PAR LA COMMUNE

DE

CHATEAUNEUF-CALCERNIER,

DÉPARTEMENT DE VAUCLUSE,

PRÉCÉDÉE D'UNE NOTICE HISTORIQUE ET D'UN TITRE
QUI CONSTATENT LES DROITS QU'ELLE RÉCLAME.

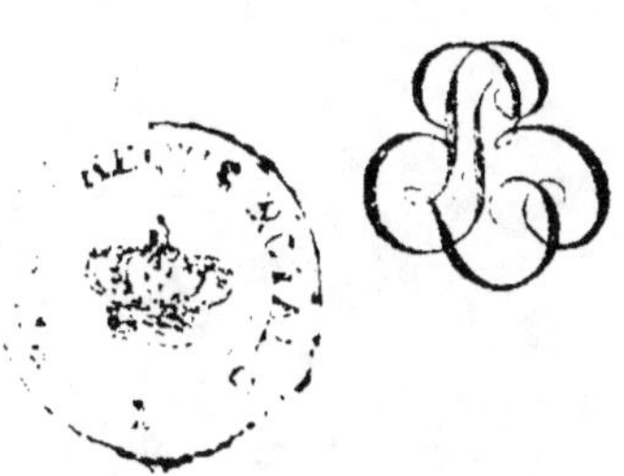

A PARIS,

DE L'IMPRIMERIE DE LEBÉGUE.

1819.

PÉTITION

ADRESSÉE AUX DEUX CHAMBRES,

PAR LA COMMUNE

DE

CHATEAUNEUF-CALCERNIER,

DÉPARTEMENT DE VAUCLUSE,

PRÉCÉDÉE D'UNE NOTICE HISTORIQUE ET D'UN TITRE
QUI CONSTATENT LES DROITS QU'ELLE RÉCLAME.

Sur le village de Châteauneuf-Calcernier.

Avant de publier le Titre sur lequel sont fon-
dés les droits de Châteauneuf-Calcernier, nous
avons cru devoir donner quelques détails histo-
riques sur ce village peu connu, et nous aurons
soin d'y insérer tous les faits qui servent de
preuves à la justice de sa demande.

Ce village, où l'on compte deux cents feux,
et environ mille âmes de tout sexe et de tout
âge, est situé dans le département de Vaucluse
et l'arrondissement d'Orange; il est placé sur

une hauteur presqu'entièrement pavée d'un lit de cailloux fort épais. Son territoire n'en est pas moins fertile en excellent vin, et s'étend jusqu'au Rhône, dont Châteauneuf est à une petite distance, sur la rive gauche de ce fleuve, à une lieue au nord-ouest de Sorgues, autant au sud-ouest de Courtézon, une lieue et un tiers à l'ouest un quart nord de Bédarrides, deux au sud sud-ouest d'Orange, et autant au nord d'Avignon.

Si l'on veut remonter à l'antiquité la plus reculée, il semble que le nom seul de *Castrum novum*, Châteauneuf, indique le voisinage d'une ancienne ville détruite, à laquelle ce village a succédé. En effet, le château de Lers, dont le territoire touche aussi au Rhône, à côté de Châteauneuf, rappelle l'ancien nom d'*Aëria*, ville rendue célèbre par le passage du Rhône, qu'Annibal y effectua, 218 ans avant notre ère (1), et qui fut l'occasion de la mention qu'en ont faite les anciens géographes Artémidore, Strabon et Pline (2).

----

(1) On trouve chez Treuttel et Wurtz, libraires, une dissertation qui vient d'être imprimée sur ce sujet, avec une carte de la route d'Annibal.

(2) Le Tableau historique et géographique du

(3)

On sait que Cnéus Domitius Ahenobarbus
pénétra dans le département de Vaucluse, 122
ans avant notre ère, et qu'il y triompha des
Allobroges et des Auvergnats. Le monument
de la victoire de son successeur Quintus Fabius
Maximus, existe encore à Orange dans l'arc de
triomphe que les voyageurs n'oublient pas d'y
visiter.

Aëria conserva sans doute son existence sous
la domination des Romains; mais l'an 408 de
notre ère, sous l'empire du faible Honorius,
cette ville fut détruite par les Vandales (1), et
il paraît que le terrain occupé par elle et par
Châteauneuf, était encore abandonné l'an 822,
puisque, par une charte du 16 mai de cette
année, Louis-le-Débonnaire, fils et successeur
de Charlemagne, donna à l'église d'Avignon la

____

Monde, Paris, 1810, tome IV, pag. 104, donne de
grands détails sur Aëria.

(1) *Istoria d'Avignone dal Fantoni, in Venetia,* 1678;
tome I, pag. 89, liv. 1, chap. 14, n°. 6; et liv. 2,
chap. 3, n°. 21, et chap. 4, n°. 12. Fantoni place cet
événement sous l'an 407; j'ai préféré 408 avec l'Histoire générale du Languedoc, tome I, pag. 155, qui
dans une longue note, pag. 638, prouve une erreur de
Grégoire de Tours et de Tillemont, sur ce sujet.

Villa (1) appelée *Bitorrita*, et la moitié du Rhône (2), ce qui fait naturellement penser que le territoire de *Bitorrita*, aujourd'hui Bédarrides, s'étendait alors jusqu'au Rhône, et qu'il comprenait ainsi celui qu'avait occupé la ville d'Aëria.

Cependant, l'existence de cette dernière ville n'était pas encore entièrement perdue, puisque, par une seconde charte de l'an 825, trois ans après la précédente, Louis-le-Débonnaire donna à un autre évêque d'Avignon l'église d'Aëria (3); mais les deux donations de ce prince assuraient les droits de ces évêques sur le territoire aujourd'hui dépendant de Châteauneuf, qui fut sans doute bâti peu de temps après. On peut en effet placer son origine dans le cours du neuvième siècle, puisqu'une sentence de l'an 1146 fait voir qu'à cette époque, l'évêque d'Avignon exerçait la juridiction temporelle à

---

(1) Le mot *villa* signifie proprement en latin, ferme, métairie, maison de campagne. (*Voyez* le Tableau historique et géographique du Monde, t. IV, p. 304.)

(2) Histoire chronologique de l'Église d'Avignon, par François Noguier. Avignon, 1660, pag. 32.

(3) *Id.*, pag. 33.

Châteauneuf, et que l'on trouve des titres plus anciens cités dans cette sentence (1).

Les empereurs d'Allemagne ayant succédé au titre de Louis-le-Débonnaire et des autres princes français, descendans de Charlemagne, voulurent en exercer les droits; mais ils reconnurent ceux de l'évêque d'Avignon sur Châteauneuf. En effet, l'empereur Frédéric Ier., surnommé Barberousse, ayant tenu une diète à Besançon, l'an 1157, s'y fit prêter serment de fidélité par les seigneurs du royaume d'Arles, et y nomma l'archevêque de Vienne archi-chancelier de ce royaume (2). Gauffrédi ou Geoffroi, alors évêque d'Avignon, vint à Besançon avec les autres grands vassaux; et l'empereur Frédéric, en tant que de besoin, s'empressa de lui donner, pour lui et pour les évêques ses successeurs, une charte datée de Besançon, du 9 des calendes de décembre de cette même année 1157. Cette charte était conservée en très-bon état, avec le sceau d'or, dans les archives de

---

(1) Dictionnaire des Gaules et de la France, par Expilly. Amsterdam et Paris, 1764, tome II, pag. 260, art. Châteauneuf.

(2) L'Art de vérifier les Dates. Paris, 1784, tome II, pag. 22.

l'archevêché (1). L'Histoire de l'église d'Avignon en rapporte le contenu en ces termes (2):

*In nomine sanctæ et individuæ Trinitatis,
Fredericus (divinâ favente clementiâ), im-
perator semper augustus : quandocumque
nostræ donationis vel corroborationis piè de-
poscitur suffragium, celeri effectu est attri-
buendum, et si in his exposcitur quæ durare
videntur perpetuò, litteris est etiàm adnotan-
dum, ne prolixitas temporum posteris hoc
dubium reddat vel incertum. Omnibus igitur
tàm futuris quàm præsentibus imperii nostri
fidelibus notum esse volumus, qualiter nos
Gaufredum venerabilem Avenniæ civitatis
episcopum ad curiam nostram venientem be-
nignè suscepimus, honorificè tractavimus,
et acceptâ ab eo debitâ fidelitate, et hominio
de omnibus regalibus, sive possessionibus,
vel justiciis quas Avenion. ecclesia largi-
tione regum, vel imperatorum, vel oblatione
fidelium visa est hactenùs legitimè possidere,
plenariè investivimus. Concessimus itaque
præfato episcopo Gaufredo, et per eum om-*

---

(1) Dictionnaire des Gaules, tome II, pag. 260.
(2) *Id.*, pag. 48.

nibus successoribus suis in perpetuum, villam videlicet, quæ episcopalis vocatur, et tertiam partem portûs prædictæ civitatis, et insulam subtùs Avenion. sitam, quæ ab oriente terminatur rivulo Surgilione, ab occidente verò Rhodano, et quidquid à nobis habet vel habere debet in territorio præfatæ civitatis, villam Bitorritæ, cum omnibus appendiciis suis, Castrum de Novis cum appendiciis suis, CASTRUM-NOVUM cum appendiciis suis, villam de Agelt cum appendiciis suis : hæc supradicta omnia subtùs notata damus et confirmamus Gaufredo, Avenion. episcopo, et ecclesiæ suæ, salvâ per omnia imperiali justitiâ; nulla in his infestatio tyrannorum sæviat, nulla potestas per violentiam irruat, sed solus episcopus habeat in omnibus plenariam juridictionem. Ut autem huic nostræ confirmationi nihil ad perfectionem deesse possit, præsentem paginam conscribi, et aureâ bullâ nostrâ insigniri jussimus, adhibitis idoneis testibus, quorum nomina hæc sunt: Umbertus Bisuntinen. episcopus, Odo Valentinen. episcopus; Matthæus, dux Lotharingiæ, etc.

(Signum domini imperatoris romanorum, invictissimi Frederici.)

Ego Raymundus, cancellarius vice Stephani Viennensis archicancellarii recognovi. Datum Bizantiæ, nono calendas decembris, indictione V, anno dominicæ Incarnationis M. C. LVII., regnante domino Frederico, Romanorum imperatore gloriosissimo, anno regni ejus VI, imperii verò III.

Par cette charte et par d'autres que Frédéric Ier. accorda pour l'expliquer et la confirmer (1), on voit que ce prince donne de nouveau, en tant que de besoin, à l'évêque Geoffroi et à ses successeurs, le lieu appelé la *Cité de l'évêque*, dans l'enceinte de la ville d'Avignon, une île joignant ses murailles, formée par une branche de la Sorgue, la moitié de la descente ou du cours de la rivière, le tiers du péage du port, et tout ce que l'empire avait ou devait avoir dans le terroir de la ville, en terres cultes et incultes, prés, vignes, péages, paluds, serviteurs, servantes, etc., etc. Il y ajoute la *villa* de Bédarrides et celle d'Agelt, CHATEAUNEUF, et le château de Noves, avec toutes leurs dépendances et appartenances. Il ordonne

----

(1) L'an 1161 et l'an 1178. (*Voyez* Noguier, p. 152-156.)

(9)

de plus qu'à l'avenir, aucune personne laïque n'ait juridiction sur ce que l'église d'Avignon possède de l'empire, et que ceux qui tiennent des fiefs de l'évêché ou de l'église, en cas qu'ils offensent l'évêque ou son église, et qu'ayant été admonestés, ils ne rendent la satisfaction due, eux et leurs adhérens soient privés desdits fiefs. Il lui donne encore, le droit de créer des notaires dans tout l'évêché; il veut que, pour le temporel, l'évêque et son église, dans les lieux qui relèvent de l'empire, ne reconnaissent aucune personne ecclésiastique ou séculière, mais seulement l'empire; il enjoint aux consuls d'Avignon d'obéir à cette ordonnance et de n'innover rien dans la ville, soit aux bâtimens, soit aux gabelles, péages, etc., ni bâtir aucune forteresse sur le port de Maupas, aujourd'hui Bonpas, qui lui a été donné sans sa permission, et de défendre sa personne envers et contre tous (1).

Malgré toute la puissance de Frédéric, un souverain qui, d'ailleurs, était affaibli par ses dissensions avec les papes, ne pouvait défendre son autorité contre un autre plus voisin, qui

____

(1) Noguier, pag. 161 et 162.

résidait sur les lieux. Les comtes de Barcelone étaient alors comtes d'Arles ou de Provence, et disputaient leur indépendance aux empereurs. Les évêques d'Avignon, profitant de cette rivalité, s'affranchirent à-la-fois de l'autorité des uns et des autres. Leurs domaines, quoique situés dans le comté de Provence ou le comté Venaissin, n'en fesaient nullement partie. On disait de Châteauneuf, comme de Bédarrides et de Gigognan, *in comitatu et non de comitatu,* dans le comté, sans être du comté, parce que la justice, l'économie, la police, etc., y étaient administrées indépendamment des souverains de cette province, par les évêques d'Avignon, qui avaient la juridiction des princes (1).

L'ordre des Templiers, héritier d'un roi d'Aragon (2), devait prétendre à une portion de la succession des comtes de Barcelone. Ce fut vers l'an 1165 qu'ils s'établirent à Avignon (3), et il paraît qu'ils formèrent aussi un établissement à Châteauneuf, puisque l'on croit qu'ils y consacrèrent une église paroissiale sous le titre

____

(1) Dictionnaire des Gaules, article Châteauneuf, pag. 261.

(2) *Voyez* l'Art de vérifier les Dates, tome I, p. 513.

(3) Noguier, pag. 49.

(11)

de Saint Théodoric, martir (1). C'est la même
qui subsiste encore aujourd'hui.

Le 12 septembre 1238, l'empereur Frédé-
ric II, petit-fils de Frédéric Ier., confirma les
donations de son aïeul en faveur de Bernard,
alors évêque d'Avignon (2), qui fit usage de ses
droits pour protéger les propriétés de la commune de Châteauneuf. Le 15 des calendes de
décembre de cette même année 1238, par sentence arbitrale donnée sur les différends qui
existaient entre le révérendissime évêque d'A-
vignon, habitans et communauté de Châteauneuf, d'une part, et les seigneurs de Caderousse
et autres litis-consorts, d'autre part, au sujet
d'un bois appelé *Combe-Masque*, plaidant le
procureur juridictionnel de la mense épiscopale, on adjugea à la communauté et aux habitans la propriété du ténement de cette Combe-
Masque, l'usage, possession et pleine jouissance,
avec tous et chacuns ses droits, appartenances
et dépendances, moyennant la somme de trois
cents sous d'or de ce temps-là, de composition,
que la communauté paya aux seigneurs de Ca-

____

(1) Dictionnaire des Gaules, tome II, pag. 260.
(2) Noguier rapporte cet acte, pag. 156 et 157.

derousse et litis-consorts, écrivant Guillaume de Tourneye, notaire.

On voit que la propriété de la commune, acquise de ses deniers, remonte à des temps aussi élevés que nos actes les plus anciens, et qu'elle est reconnue et défendue par les évêques eux-mêmes.

Ce n'est pas tout. Trente-un ans après, l'an 1269, et le 28 des calendes de mars, sur les différends qui existaient entre les syndics et la communauté de Lers, et les syndics de la communauté de Châteauneuf, pour raison de cette même Combe-Masque et de celle appelée de *las Gardas*, ouï et plaidant le procureur juridictionnel de la mense épiscopale, sentence fut donnée par Roger de Campédo, juge de l'évêché d'Avignon, par laquelle il adjugea lesdites montagnes avec leurs droits et appartenances, aux consuls et à la communauté de Châteauneuf, écrivant Jacques de Corbero, notaire de l'évêché.

On voit, par cette transaction, que l'ancienne Aëria n'était pas alors entièrement détruite, ou qu'elle s'était relevée de ses ruines, puisqu'il y avait des habitans et une communauté à Lers; mais Châteauneuf, dont le sort était lié à celui des évêques d'Avignon, devait prospérer sous l'influence des papes. On sait que Clément **V** vint fixer leur siége à Avignon en 1306. Jacques d'Ossa, qui succéda à Clément **V** sous le nom de Jean **XXII**, avait été évêque d'Avignon, et n'oublia point Châteauneuf. L'ordre des Templiers ayant été supprimé en 1312, au concile général de Vienne (1), l'église de St.-Théodoric restait sans administrateurs. Jean **XXII** l'érigea en vicairie, l'an 1319, la plaçant ainsi plus particulièrement sous les soins de l'évêque d'Avignon.

Ce fut vraisemblablement ce même Jean **XXII** qui fit construire un château digne d'être habité par les papes, en augmentant peut-être celui des Templiers : car il paraît que ce fut dans ce temps-là que l'on construisit dans le territoire de Châteauneuf un grand nombre de fours à chaux qui rendirent le bois plus nécessaire aux habitans.

Non-seulement ils avaient la propriété de la Combe-Masque et de celle de *las Gardas*, mais encore ils avaient l'usage et la jouissance de

---

(1) L'Art de vérifier les Dates, tome I, pag. 524. On trouve quelques détails intéressans à ce sujet, dans l'Analyse des Conciles, par Richard. Paris, 1772, tome II, pag. 318 et 319.

toutes les garrigues de leur terroir, excepté d'un parc et d'un bois réservés à l'évêque; ils avaient la faculté d'y faire dépaître leur bétail et d'y construire et chauffer leurs fours à chaux sans rien payer. Ils vendaient leur chaux tant aux habitans qu'aux étrangers, mais avec la différence qu'avant de livrer la chaux aux étrangers, ils étaient obligés de l'offrir sur le marché pendant deux jours, pour que les habitans en pussent faire l'acquisition de préférence, si cela leur convenait. La commune avait même le droit d'imposer les fourniers de chaux, si cette taxe était nécessaire pour ses dépenses. De là lui vint le nom de Châteauneuf-*Calcernier*. Les fourniers ne pouvaient vendre leur chaux qu'en employant une mesure que leur donnaient les consuls pour que personne n'y pût être trompé. C'est ce que prouve un acte de 1426, qui confirmait à cet égard leurs franchises et priviléges.

Ces encouragemens étaient nécessaires pour toutes les constructions qui furent faites alors. Le parc de l'évêque, contenant vingt salmées, mesure du pays, dont partie en vignes, partie en oliviers, et le reste en bois, était entouré de murailles bien bâties, que le temps et la révolution n'ont pu détruire entièrement. Le vin et l'huile que l'on y recueille sont d'une qualité supérieure aux denrées de ces deux espèces que produit le terroir de Châteauneuf, quoique ces denrées soient d'ailleurs très-renommées. A l'une des extrémités du parc, à un endroit très-élevé, on voit les débris et les restes d'un grand et beau château qui domine tout le bourg et toute la campagne des environs. La vue s'y étend, d'un côté, jusqu'à Avignon ; de l'autre, jusqu'à Orange. Outre plusieurs belles promenades, il y avait dans le parc une terrasse située au midi, appelée *Monplaisir*, d'où l'on découvrait le cours du Rhône depuis Roquemaure jusqu'à Avignon, et même au-delà ; ce qui forme une des plus belles perspectives que l'on puisse imaginer.

C'est dans ce magnifique séjour que les papes qui résidaient à Avignon, passaient une partie de la belle saison, comme dans un lieu de plaisance. Ils y avaient fait construire un puits d'une grandeur et d'une profondeur surprenantes ; mais il est comblé en partie. On reconnaît, par les immenses débris de ce château, et par ce qui subsiste encore, quoiqu'entièrement dégradé, que ces souverains pouvaient y loger avec toute leur cour. Au reste, quoique le parc et le château dont il est ici question, soient situés dans un endroit fort élevé, on pouvait et l on peut encore y arriver en voiture par un chemin qui fait le tour du parc (1).

C'est par cette route que Pierre de Luxembourg, nommé cardinal en 1386, par le pape Clément VII (2), se rendit à Châteauneuf, lorsqu'il fut ravi en extase : son visage parut tout allumé ; ses yeux, fixés vers le ciel, étaient immobiles, et un éclat extraordinaire rejaillissait de tout son corps : cette vision lui causa un transport qui suspendit la fonction de ses sens ; il se prosterna à terre dans un bourbier, d'où ses domestiques le tirèrent sans que la moindre tache parût sur ses habits. Clément, et tous ceux de sa suite, furent témoins de cette merveille : l'extase avait été longue (3), et l'événement ne fut pas oublié. Le cardinal étant mort en 1387, et ayant été mis au rang des saints, Louis de Montjoie fit élever en 1421, une belle et grande chapelle de Saint-Pierre-de-Luxembourg, auprès de l'église des Célestins ; et ce fut sans doute vers ce temps-là,

----

(1) Dictionnaire des Gaules, tome II, pag. 261.

(2) Exercices de Piété, pour tous les jours de l'année, par le P. Croiset. Lyon, 1718, juillet, pag. 110.

(3) *Id.*, pag. 112.

que l'on dédia une autre chapelle à ce même
saint, à l'endroit où son extase avait eu lieu, à
une portée de fusil de Châteauneuf, sur le chemin de la Traille. Cette chapelle était ruinée
avant la révolution, ce qui empêchait d'y célé-
brer le service divin (1); il n'en reste plus aujourd'hui que les murs.

Clément VII, dont je viens de parler, était
reconnu pape en France, mais non à Rome,
où le siége pontifical avait été rétabli; et lorsque la fin du schisme eut fait perdre à la ville
d'Avignon l'avantage dont elle avait joui, le
pape Sixte IV, voulut l'en dédommager : il
érigea le siége de la ville en archevêché, par
une bulle du 21 novembre 1474 (2).

Les nouveaux archevêques laissèrent jouir
paisiblement la commune de ses droits; et des
actes du 26 novembre 1487 et du 21 mai 1492,
tous deux reçus par le notaire Pierre de Sarropodio, constatent qu'elle a vendu le bois de
ses Garrigues pour subvenir à ses besoins, et
que pour donner à ce bois le temps de prendre
une juste grosseur, elle a suspendu l'usage et
la faculté qu'avaient les habitans de *lignerer*,

---

(1) Dictionnaire des Gaules, tome II, pag. 261.
(2) Nougnier, pag. 180.

2

c'est-à-dire, de couper ce qui leur était nécessaire pour leur chauffage.

Par un autre acte du 21 septembre 1500,
notaire A. de Sarropodio, la commune assemblée en *Parlement général*, arente à diverses
personnes, la faculté de construire des fours à
chaux.

L'archevêque, qui était alors le cardinal
Julien du Roure, neveu du pape Sixte IV (1),
ne s'opposait en aucune manière à cette possession, et accorda même à cette époque une
nouvelle faveur à Châteauneuf. Ayant quitté
le siége d'Avignon pour celui de Rome, qu'il
occupa sous le nom de Jules II, il unit en 1504,
l'église de Châteauneuf à l'église métropoli-
taine d'Avignon (2).

Une protection aussi spéciale devait néces-
sairement devenir dangereuse, lorsque les troubles de religion pénétrèrent dans les états
même du pape. Ce fut un docteur et régent
de l'université d'Avignon, appelé Perrinet Parpaille, qui fut le chef des novateurs. Voulant
détruire les églises à Avignon, pour y établir

---

(1) Noguier, pag. 180.
(2) Dictionnaire des Gaules, tome II, pag. 260.

des ministres (1), il forma le projet de sur-
prendre le château de Châteauneuf-de-Pape,
et de s'y fortifier pour aller ensuite attaquer
ses compatriotes. Mais les soldats qu'y avait
placés l'archevêque d'Avignon, se défendirent
si bien, que l'entreprise manqua. Parpaille y
perdit plusieurs des siens, ainsi que ses cor-
dages et tout ce qu'il avait préparé pour le
siége. Il fut obligé de se retirer à Orange (2),
où il était président au parlement (3), et où les
protestans tenaient librement leurs assemblées (4).

Sur les instances de Philippe, évêque d'O-
range, Fabrice Serbelloni, à qui le pape, son
parent, avait donné le commandement général
des armes dans le comté Venaissin (5), ras-
sembla ses forces. Il fut vivement secondé par
le premier consul de la ville d'Avignon, qui
était alors Claude des Bertons, seigneur de

---

(1) Discours des guerres de la conté de Venayscin,
par Loys de Pérussis. Anvers, 1664, pag. 11, *verso.*
(2) *Id.*, pag. 38.
(3) Noguier, pag. 210.
(4) Histoire universelle de J. A. de Thou. Bâsle,
1742, tome III, pag. 226.
(5) *Id. Ibidem.*

Crillon, « vraiment digne d'une si honorable et
« belle charge, tant pour son rare savoir que
« pour son expérience., pouvoir et vaillance,
« en ces qualités ne dégénérant point à mes-
« sieurs ses ancêtres : » telles sont les expres-
sions de Louis de Pérussis (1), alors viguier de
la même ville, et bien digne de juger un homme
dont les qualités n'étonneront plus, lorsqu'on
saura qu'il était le frère aîné du brave Crillon (2). Tous les gentilshommes d'Avignon
sont nommés à cette occasion, par Pérussis,
comme ayant pris part à cette entreprise : les
Panisses, les Galliens, les Seytres, les Baron-
celli, les Cambis, les Donis, les Achards, les
Puget, les Guilhems, les Tulles, les Fortia, les
Lopis, les Joannis, les Villiardi, les Massilhan,
et beaucoup d'autres, parmi lesquels ne doit

( ) Discours des guerres de la conté de Venayscin,
pag. 22, *verso*, et *13 recto*.

(2) Nobiliaire universel de France, par M. de
Saint-Allais. Paris, 1817, tome X., pag. 249. Claude
de Crillon avait épousé Catherine de Joyeuse, veuve
d'Ennemond de Brancas, dont elle avait eu Catherine
de Brancas, femme de Clément de la Sale, et la succession de Clément de la Sale a passé à la maison de
Fortia, qui en descend par femmes.

point être oublié Paul-Antoine de Gadagne, qualifié capitaine de Châteauneuf-du-Pape.

Le succès couronna les efforts de cette glorieuse ligue, et Serbelloni s'étant présenté à Orange, le 5 juin 1562, investit cette ville et la prit : mais quelques cruautés ensanglantèrent cette victoire, à laquelle on voit avec peine le sage de Thou, obligé de faire d'assez vifs reproches (1).

Le fameux baron des Adrets prit bientôt sa revanche, et s'empara de Pierrelate (2). Il fit passer la garnison au fil de l'épée et traita de même Boulène. De là il aurait sans doute été à Avignon ; et dans la consternation qu'avait causée son arrivée, il s'en serait peut-être rendu maître, si un accident arrivé à Grenoble, ne l'avait obligé d'y retourner (3).

Le 8 juillet 1562, Montbrun, à qui des Adrets avait laissé le commandement d'une partie de ses troupes, s'empara de Mornas, et fit un grand massacre de la garnison. Tous ceux

______

(1) Histoire universelle, tome III, pag. 227.

(2) Discours des guerres de la conté de Venayscin, pag. 40; *recto* et *verso*.

(3) De Thou, tome II, pag. 229. (*Voyez* l'article *Adrets*, dans la Biographie universelle.)

qui se trouvèrent dans la citadelle, furent tués ou précipités du roc (1). Parmi ceux qui subirent ce dernier sort, un seul s'échappa par une espèce de miracle. Il saisit, en tombant, les branches d'un figuier sauvage qui était sur le rocher, et il embrassa fortement des ronces et des épines. Les soldats qui étaient en bas, lui ayant vainement tiré plusieurs coups d'arquebuse, Montbrun, qui s'en aperçut, fit cesser les coups, et crut devoir pardonner à un malheureux que sa bonne fortune avait tiré d'un si grand danger. Il le fit descendre et le retint à son service (2). Mais les cadavres des autres morts tombés au pied du rocher, furent jetés dans le Rhône ; celui du capitaine qui commandait à Mornas, et ceux des principaux de la garnison, furent dépouillés et placés nus sur un bateau que l'on abandonna au cours de l'eau. On leur mit des cornes sur la tête et un bâton blanc à la main, avec un écriteau sur lequel on lisait : « Avignonais, laissez passer

---

(1) De Thou, tome II, pag. 241. (*Voyez* l'article *Adrets*, dans la Biographie universelle.)

(2) *Id.*, pag. 242. La même anecdote est rapportée par Loys de Pérussis, pag. 46.

« ces pêcheurs ; car ils ont payé le péage à
« Mornas » (1).

Ces horribles exécutions, dont on ne voit
guère d'exemples que dans les guerres civiles,
répandirent l'effroi dans les environs. Les habitans de Châteauneuf furent du nombre de
ceux qui se crurent obligés d'abandonner leurs
femmes, leurs enfans et leurs habitations. Les
maisons restées sans défense furent pillées, les
églises brûlées (2).

Bientôt les catholiques s'étant rassemblés,
forcèrent leurs ennemis à se retirer, et, dès le
13 juillet, c'est-à-dire, au bout de cinq jours,
Châteauneuf fut évacué par les incendiaires (3).
Mais le baron des Adrets étant revenu se joindre
à Montbrun, remporta une grande victoire (4),
à la suite de laquelle ses troupes rentrèrent à
Châteauneuf, le 28 du même mois (5). Ce fut
alors qu'une partie de l'ancien château des
papes fut incendié par le baron des Adrets (6),

---

(1) Discours des guerres, pag. 46, *recto* et *verso*.
(2) *Id.*, pag. 46 *verso*, et 47 *recto*.
(3) *Id.*, pag. 48 *verso*.
(4) De Thou, pag. 242.
(5) Loys de Pérussis, pag. 52, *verso*.
(6) Dictionnaire des Gaules, tome II, pag. 261.

plus cruel encore que son lieutenant. Mais ses troupes se retirèrent dès le 1er. août (1), ensorte que ces entreprises mal concertées ne tournaient qu'à leur confusion. Parpaille, fait prisonnier, fut conduit à Avignon, où son procès fut bientôt terminé : le 2 de ce même mois d'août 1562 (2), il eut la tête tranchée. Sa maison fut rasée; c'est aujourd'hui la place où l'on vend les fruits à Avignon, sous le nom de place Pie (3).

Des Adrets voulut tirer vengeance de cette juste punition, et le 19 août, les protestans firent encore une descente à Châteauneuf (4), qu'on laissa quelque temps sans défense (5); mais Montbrun ayant été battu le 2 septembre (6), auprès du lieu de Lagran, à deux lieues d'Orpierre, où il avait été abandonné par des Adrets, occupé d'une autre expédition; ces deux chefs prirent enfin le parti de s'éloigner,

---

(1) Loys de Pérussis, pag. 55 *verso*, et de Thou, pag. 243.

(2) Histoire de J. A. de Thou, tome III, pag. 228.

(3) Noguier, pag. 210.

(4) Discours des guerres, pag. 59.

(5) *Id.*, pag. 61.

(6) *Id.*, pag. 68.

et la paix fut rétablie dans le malheureux village de Châteauneuf, pour qui cette année avait été si funeste.

Après la fin de ces troubles, le pape, qui avait conservé la souveraineté du comté Venaissin, se crut obligé de confirmer, en faveur des archevêques d'Avignon, leurs droits, priviléges et prérogatives sur Châteauneuf, Bédarrides et Gigognan, par une bulle expresse qui constatait ce qui leur était dû. Ce fut Clément VIII qui s'acquitta de ce devoir par une bulle du 3 septembre 1597. Elle fait mention de pareilles bulles d'Adrien IV, d'Innocent IV et de Paul III, aussi bien que des donations de Frédéric et des autres rois et princes successivement souverains du comté Venaissin. La bulle de Clément VIII fut accordée *motu proprio*, et non à l'instance de l'archevêque, qui était alors François-Marie Taurusi, cardinal du titre de Saint-Barthélemi-dans-l'île, surnommé le cardinal d'Avignon. Elle renferme, entr'autres choses remarquables, les paroles suivantes :

Cœterùm, quià, sicut accepimus, loca Biturritarum et Castri-Novi-Calcernerii et Gigoniani, avenionensis diocesis, illorumque universitates et homines sub dicto comitatu et sub legatione avenionensi in tempo-

*ralibus minimè comprehenduntur ; sed archi-
episcopo avenionensi pro tempore existenti
subjecta existunt in temporalibus , et ad
mensam archiepiscopalem pleno jure spectant , et nihilominùs nunc pro tempore existens noster et ejusdem sedis de latere legatus
avenionensis , illiusque vice-legatus et vicarius , et alii ejus officiales prœtextu eorum
jurisdictionis interdùm in eâ et eos aliquam
jurisdictionem temporalem exercuerunt et
exercere potuisse ac posse prœtendunt , et
proptereà nonnullœ controversiœ inter eun-
dem legatum , illiusque vice-legatum , et
archiepiscopum prœdictum super ortœ sunt ,
ac de cœtero oriri possent , nos ad illa remo-
venda et evitanda , et aliàs pro bono pacis ,
auctoritate et tenore prœsentis etiam perpetuò statuimus , decernimus et declaramus
quod de cœtero perpetuis futuris temporibus
nunc et pro tempore existens noster et ejusdem sedis de latere legatus avenionensis ,
illiusque vice-legatus ac vicarius et alii illius
officiales in causis appellationum , quœ ad
forum temporale dictorum locorum spectant,
et à judicibus ac commissariis pro tempore
existentis archiepiscopi interponuntur , se
intromittere , et in dictis locis officiales tem-

porales creare aut destituere , taleas et col-
lectas imponere seu impositas approbare ,
gratiam super delictis commissis facere ,
mulctas indicere et bona fisco applicare et
incorporare ; prohibitiones et bandimenta,
ne frumenta extrahantur , promulgare ; con-
travenientes punire ; subsidia , si quæ tem-
pore belli exercitibus sint præstanda , indi-
cere ; aut quamvis aliam jurisdictionem quæ
temporale dominium concernat , exercere
non possint neque debeant, nisi aliter fuerit
expressis verbis et individuè à nobis et suc-
cessoribus nostris specialiter concessum et
ordinatum ; sed præmissa omnia præfatus
Franciscus Maria , cardinalis , et pro tempo-
re existens archiepiscopus avenionensis ge-
rere , exercere et exequi possit et debeat (1).

Un des premiers usages que fit l'archevêque
d'Avignon des pouvoirs qui venaient de lui
être reconnus, fut de confirmer les droits des
habitans de Châteauneuf par une ordonnance
du 26 mai 1605, rendue en jugement contradictoire par Jean-François Bordini, alors archevêque. Ce prélat y reconnut le droit qu'avait la

---

(1) Dictionnaire des Gaules, tome II, pag. 261.

commune, de jouir paisiblement, comme elle l'avait fait de tout temps, du bois du quartier appelé le *Piellon*, d'en mettre une partie en défense, et d'en retirer le prix. Le sieur Bernardin, viguier-greffier de l'archevêché, fut le rédacteur de cette ordonnance.

Un sinode ecclésiastique fut aussi tenu à Avignon en 1613, pour régler tout ce qui concernait le clergé. Les curés de Lers et de Châteauneuf-du-pape y assistèrent (1).

Les vice-légats voulurent cependant prendre connaissance des affaires jugées par les archevêques, mais seulement en cas d'appel. Le pape Urbain VIII, par un bref du 2 mars 1624, ordonna que les vice-légats connussent des appels des causes de Châteauneuf, de Bédarrides et de Gigognan. Mais ce n'était qu'en qualité de délégués apostoliques; et avant que d'intimer l'appel, on prenait le *pareatis* de la cour archiépiscopale. Les motifs de ce bref, accordés *motu proprio*, y sont exprimés dans les termes suivans : *Ne sedi apostolicæ subjecti, qui in remotis degunt, et ut plurimùm paupertate premuntur, in prose-*

---

(1) Noguier, pag. 219.

quendis eorum litibus, expensis et incommo-
dis graventur....... ut tanquàm sedis aposto-
licæ delegati, etc.

Cette réserve du souverain n'empêcha pas les archevêques de maintenir les priviléges de la commune, et le 16 mai 1629, Laureto de Franchis, vicaire-général de l'archevêché, conformément aux décrets de ses prédécesseurs, fit inhibition à tous les fourniers de chaux et autres qu'il appartiendrait, de vendre de la chaux aux étrangers plutôt que deux jours après les criées faites pour les débiter, afin que, pendant ces deux jours, les habitans pussent faire leur provision, ajoutant l'injonction de se servir des mesures de la marque ordinaire du lieu.

Ces inhibitions furent retirées le 11 avril 1633, à l'instance des consuls et du sieur Jacques Nalis, l'un des syndics des forains.

Le 23 avril même année, ce même vicaire-général afferma à ce sieur Jacques Nalis tous les biens et droits de l'archevêque, sans réserve des droits appartenant aux habitans, qui réclamèrent, et c'est à ce sujet qu'eut lieu la transaction suivante, qui peut être considérée comme un véritable titre par la commune de Châteauneuf. Elle sera donc ici rapportée en entier.

SACHENT, TOUS PRÉSENS ET A VENIR :

Comme soit que l'an dernier mil six cent trente-trois,
et le vingt-troisième jour du mois d'avril, le sieur
Jacques Nalis, fermier-général de l'archevêché d'Avignon, eut pris à bail de ferme de monseigneur révérendissime Laureto de Franchis, vicaire-général dudit
archevêché, la faculté, pouvoir, usage, usufruit, et
commodité du bail provenant aux Garrigues du grand
et du petit Piellon, Combesmasques et les Brusquières,
qui sont dans le terroir du lieu de Chateau-Neuf, pour
sept années lors prochaines, et durant icelles de pouvoir faire chacune année six fours de chaux aux endroits
où bon lui semblerait, sans être tenu d'en vendre auxdits habitans, et pendant ledit temps, ne fut permis à
personne de couper aucun bois dans les Garrigues sus-
désignées, pour faire aucun four de chaux, à peine de
confiscation de la dite chaux ; et de cinq écus d'amende,
applicable la moitié au fisc, et l'autre audit Rentier,
avec permission audit Rentier de prendre du bois auxdites Garrigues, tant pour l'usage desdits fours à chaux,
que pour les fours à cuire le pain du lieu, comme
appert plus amplement par ledit acte, reçu par moi dit
notaire, et que, ensuite dudit acte, ledit jour vingt-
troisième du mois d'avril de l'année dernière , ledit
sieur Jacques Nalis eût obtenu dudit sieur Laureto de
Franchis, vicaire-général, un certain cartel portant inhibitions et défenses être faites à tous et chacun les habitans et particuliers dudit lieu de Châteauneuf-Cal-

aernier et tous autres qu'il appartiendrait , de quelle
qualité et condition qu'ils soient , même à voix de
trompe et cri public, de ne couper ni faire couper
aucun bois tant grand que petit, en aucunes Garrigues
dans le terroir dudit Châteauneuf pour faire des fours
de chaux , pour icelle débiter ou vendre hors ledit
Châteauneuf et son terroir , et durant ledit temps de
sept années , à commencer le premier jour du mois de
mai de ladite année dernière mil six cent trente-trois;
et en cas que lesdits particuliers du dit Châteauneuf
voulussent faire des fours de chaux pour l'usage dudit
lieu et son terroir, pourraient prendre du bois dans lesdites Garrigues du terroir de Châteauneuf sous toutefois
la permission de mondit seigneur, fors et excepté dans
les Garrigues du grand et du petit Piellou, Combesmasques ; lesdites Garrigues des Brusquières baillées
audit sieur Nalis par sondit arentement, le tout sous
la peine de confiscation de ladite chaux , cinq écus
d'amende applicable tout ainsi et comme est porté par
sondit arentement à celui ou ceux qui contrevien-
dront, et autres articles écrivant monsieur Hono-
raty greffier , et icelles inhibitions eut ledit Nalis fait
exploiter le second jour du mois de mai de ladite année
dernière , à quelques particuliers dudit Châteaneuf
par les officiers ordinaires dudit lieu, ce qu'étant venu
à la notice de ladite communauté, ensuite de la délibération du parlement général tenu audit Châteauneuf,
le troisième jour de mai de ladite année , aurait été
formée opposition sur lesdites inhibitions pardevant
ledit sieur Laureto de Franchis, vicaire-général, par
les sieurs acteurs de ladite communauté , et syndics
et forains , et pendant icelle opposition seraient les-

dites parties recourues à mondit seigneur illustrissime archevêque, lequel après avoir entendu les griefs
prétendus par lesdits habitans et forains, et les raisons
et fondemens par eux avancés, aurait le tout remis à
monsieur le révérendissime Julio Diotaleny, lors
son lieutenant commissaire-général dudit archevêché,
pour entendre lesdites parties en toutes leurs raisons
et propositions et ensemble avec sieur Pierre Joseph
de Salvador, auditeur de la rote du palais d'Avignon, avocat et procureur-général fiscal dudit archevêché, voir les titres et documens desdites parties
respectivement qui étaient avancés sur ce fait, et le
tout sommairement *sine scripto et figurâ judicis :* ensuite de quoi plusieurs et diverses assemblées auraient
été faites par devant ledit seigneur commissaire et
lieutenant-général en la chambre de sa résidence, où
présent ledit sieur de Salvador avocat fiscal, lesdites
parties et leurs avocats, le prétendu acte de bail
fait en faveur dudit sieur Nalis et susdit cartel en-
suivi auraient été exhibés et produits, demandant
ledit sieur avocat fiscal, avec ledit sieur Nalis, la
manutention de sondit contrat et inhibitions, avançant
plusieurs et diverses raisons pour cet effet, et là même,
au contraire de la part de ladite communauté et
forains instant à la cassation du prétendu acte de
cassation, du prétendu acte de bail et révocation desdites inhibitions, et pour justification de leur opposition outre la nullité de tels actes faits, les parties
ni citées ni entendues, avançaient tels prétendus
contrat et inhibitions, ne pouvoir aucunement sub-
sister pour être même contraires au droit et raisons
qui reviennent au dommage évident et ruine de ladite

communauté outre et par dessus les autres droits
et titres qui appartiennent à ladite communauté :
D'autant que lesdits opposans soutenaient apparoir
par inspection oculaire ; ne se trouver à présent lesdites Garrigues suffisantes pour faire telle qualité de
six fours de chaux chaque année que ledit Nalis
prétendait faire, sans dépeupler entièrement lesdites
Garrigues, outre que pour la nécessité dudit lieu,
il n'y aurait aucun moyen de faire d'autres fours
de chaux pour les habitans qui se trouveraient
privés et de la propriété et usage dudit bail, et
de la faculté immémoriale qu'ils ont de faire fours
de chaux à toutes leurs volontés et commodités sans
aucun trouble ou empêchement. Pour quoi mieux faire
voir étant avancé les consuls et communauté, manans
et habitans dudit lieu de Châteauneuf, être de tout
temps immémorial en la paisible possession et jouissance de l'usage de toutes les Garrigues du terroir dudit lieu, excepté du parc et du bois Evescal, avec
pouvoir d'y faire depaître leur bétail dans icelles,
comme aussi d'y faire des fours de chaux pour l'usage
et chauffage d'iceux, prendre du bois auxdites Garrigues sans payer aucune chose, et ladite chaux vendre
et débiter tant aux habitans qu'étrangers, lesdits habitans étant avertis deux jours avant ledit débit pour
s'en pourvoir durant lesdits deux jours avec préférence auxdits étrangers, et outre ce de prendre icelle
communauté certain droit sur chacun desdits fourniers
de chaux, comme ils justifiaient et vérifiaient par divers
titres et documens, et notamment par les livres de l'ad-
ministration ordinaire dudit lieu ; par moyen de la-

quelle liberté et privilége ledit lieu porte le nom
étymologique de Calcernier, de la chaux qu'ils sont
en faculté de faire ; ne pouvant les fourniers desdites
chaux icelles vendre et mesurer qu'à la mesure qui
leur est donnée par lesdits consuls et communauté.
Et qu'en l'année quatorze cent vingt-six, tous les
priviléges, immunités et franchises de ladite communauté furent confirmés par autorisation apostolique, comme apert par acte reçu par M². N........
et autres, sur ce ensuivis. Ensuite de laquelle possession, ladite communauté aurait arrenté à diverses
personnes la faculté de faire lesdits fours à chaux
par délibération du parlement général dudit lieu, et
notamment de l'an quinze cent, et du vingt-un de
septembre, étant notaire M². A. de Sarropodio, comme
aussi vendu du bois desdites Garrigues et retiré le
prix desdites ventes pour subvenir aux nécessités de
ladite communauté, avec pouvoir de mettre en devez
et laisser pour certain temps une partie desdites
Garrigues en défense, et de faire abstenir lesdits
habitans et tous autres quelconques de lignerer dans
icelles, pendant ledit temps, ainsi qu'ils faisaient apparoir par actes publics, et notamment de l'an quatorze cent vingt-sept, et le vingt-six novembre, notaire P. de Sarropodio, et le vingt-un de mai quatorze cent nonante-deux, et de l'année quinze cent
dix-ueuf, et le dix août, ledit Sarropodio écrivant :
Comme aussi prétendait ladite communauté de jouir
paisiblement, comme elle avait fait de tout temps,
du bois du quartier appellé du *Piellon*, en mettant
partie d'icelui en défense comme ci-dessus est dit, vendre
ledit bois et en retirer le prix, même en l'an seize

cent cinq, en laquelle année et le vingt-six de mai,
par ordonnance faite en jugement contradictoire par
feu monseigneur illustrissime et révérendissime Jean
François Bordiny , lors archevêque d'Avignon, lesdits consuls et communauté auraient été maintenus
en ladite possession , écrivant feu monsieur Bernardin , viguier, greffier dudit archevêché, et ensuite de ladite possession auraient poursuivi par
justice, et criminellement tous les étrangers qui en-
treprendraient de couper et prendre du bois desdites
Garrigues sans le consentement de ladite communauté , écrivant feu M. Jean Abby, et autres se-
crétaires dudit archevêché. Et quant au particulier
de la possession de la dite communauté sur la Combemasque est avancé qu'en l'année douze cent trente-
huit, et le quinzième des calendes de décembre par
sentence arbitramentale, donnée sur les différends qui
existaient entre le révérendissime évêque d'Avignon ,
habitans et communauté dudit Châteauneuf d'une
part , et les seigneurs de Caderousse et autres litis-
consorts d'autre part, touchant ladite Combemasque,
plaidant le procureur juridictionnel de la mense archiépiscopale , fut adjugé à ladite communauté et habitans la propriété du ténement de ladite Combemasque , l'usage , possession et pleine jouissance avec
tous et chacuns ses droits , appartenances et dépendances , moyennant la somme de trois cent sols de
ce temps là , de composition, que ladite communauté
paya auxdits seigneurs de Caderousse et litis-consorts,
écrivant Me. Guillaume de Tourneyo notaire , et de
plus que l'an douze cent soixante-neuf, et le vingt-
huit des calendes de mars , sur les différends qui exis-

taient entre les sindics et communauté de Lers, et les sindics de la communauté de Châteauneuf, d'autre part pour raison de ladite *Combemasque et de Las-Gardas*, oui et plaidant ledit procureur juridictionnel de la mense archiépiscopale, sentence fut donnée par monsieur Rogerius de Campedo, juge de l'évêché d'Avignon, par laquelle il adjugea lesdites campagnes avec leurs droits et appartenances auxdits consuls et communauté de Châteauneuf, écrivant monsieur Jacques de Corbero, notaire dudit évêché. Que ensuite de telle possession le seize de mai mil six cent vingt-neuf ledit sieur Lauréto de Franchis, vicaire susdit, requérant lesdits consuls et communaut é conformément auxdécrets par ci-devant faits par ses antécesseurs, lança inhibitions contre tous les fourniers de chaux et autres qu'il appartiendrait, de vendre ladite chaux auxdits étrangers que deux jours après les criées qui seraient faites du débitement d'icelles chaux, aux fins que pendant lesdits deux jours lesdits habitans puissent se pourvoir et en se servant des mesures de la marque ordinaire dudit lieu ; et de nouveau en l'année seize cent trente-trois, et le onze d'avril, instans lesdits consuls joint monsieur l'avocat fiscal, et ledit sieur Jacques Nalis l'un desdits forains adhérant, lesdites inhibitions furent par ledit sieur vicaire, retirées, comme apper aux actes faits, écrivant monsieur Reboul notaire dudit archevêché, et plusieurs autres raisons concernant les titres et possessions de ladite communauté étaient avancées.

Par contre, ledit sieur avocat et procureur général fiscal de ladite mense archiépiscopale d'Avignon, soutenait ledit contrat de-bail et concession desdits

(37)

fours de chaux faits en faveur dudit sieur Nalis, devoir être maintenus et lesdites inhibitions avoir été juridiquement exploitées contre ladite communauté et particuliers d'icelle, et icelles inhibitions non-seulement devoir être maintenues, mais encore plus rigoureusement décernées en faveur de ladite mense, et dudit Rentier; avançant pour le soutien dudit acte et desdites inhibitions non-seulement la possession immémoriale en laquelle dit être ladite mense pour raisons de la concession desdits fours de chaux, mais encore les droits tant des seigneurs fonciers, lequel appartient directement à mondit seigneur illustrissime archevêque et à sadite mense, que les droits impériaux et de régale lesquels ont été remis et concédés à ladite mense, par l'empereur Frédéric, de glorieuse mémoire, en l'an onze cent cinquante-sept, le huit des calendes de décembre, *sub datum Bisuntii*, en ces termes suivans : *Plenariè investimus, concedimus et damus, salvá tantum imperiali justitiá, villam Biturritæ, Castrum novum, et castrum de novis, cum omnibus appenditiis suis in terris cultis et incultis, aquis, aquarum decursibus, incantibus naulis tho'onicis, castellis, villis, vicis, areis, servis, ancillis, tributariis, fontibus, silvis, venationibus, molendinis, campis, pratis, pascuis, paludibus, etc.* Et le reste confirmé et autorisé par nos saints pères les papes d'heureuse mémoire, savoir : Paul III, Adrien IV, Innocent IV, Jules II, et Clément VIII, et par plusieurs autres souverains pontifes, empereurs, rois très-chrétiens, et comtes de Provence : que par ainsi ladite communauté ne pouvait aucunement prétendre aucun droit ni faculté de faire fours de chaux, sans avoir préalablement obtenu liceuce et faculté par écrit de monseigneur illustrissime archevêque ou de monsieur son vicaire-général; et que encore pour reconnaissance du droit seigneurial, ceux qui fesaient lesdits fours de chaux, payent à ladite meuse le droit du dixième de ladite chaux, et niait par exprès la possession de ladite communauté, laquelle à tous cas ne pouvait être que clandestine et nullement maintenable par la résistance du droit qui est directement contre icelle, vu qu'elle tend à l'usurpation des droits seigneuriaux et des régales; bien plus ledit sieur avocat prétendait d'avoir action criminelle contre tous ceux qui avaient fait des fours de chaux, audit lieu et son terroir, sans avoir obtenu préalable-la permission et payé les droits dus à ladite mense, pour raison desdits fours; et pour regard de ce qui est avancé de la part de ladite communauté, touchant le droit de lignerer au grand et petit Piellon, et Brusquières, et autres Garrigues dudit lieu, ledit sieur avocat soutenait ladite communauté et habitans d'icelle, n'avoir aucun pouvoir et faculté de lignerer dans aucune desdites Garrigues, si ce n'était moyennant la tolérance de mondit seigneur illustrissime archevêque, et en tout cas pour la nécessité desdits habitans, tant seulement, sans pouvoir vendre ledit bois aux étrangers, ni encore arracher ni extirper ledit bois, et que la mense archiépiscopale est en possession de tout temps immémorial, de disposer absolument de toutes lesdites Garrigues, donner à nouveau bail et emphythéose perpétuelle, telle quantité desdites Garrigues que bon semblerait à mondit seigneur ou à sondit vicaire-général; et que toutes les Garrigues dudit Châteauneuf, sans exception, doivent servir préala-

blement pour le chauffage de tous les fours seigneuriaux et dominicaux que mondit seigneur archevêque
a, tant audit lieu de Châteauneuf, que Bédarrides, et
pour l'usage des fermiers de ladite mense et de leurs
familles pendant leur résidence audit lieu de Châteauneuf et son terroir : avançant de plus que ladite mense
est en possession de vendre desdites Garrigues aux
étrangers et en retirer le prix, comme aussi de mettre
en défense telles desdites Garrigues et partie d'icelles
que semblerait bon à mondit seigneur ou à son vicaire-
général, tant pour la conservation desdites Garrigues
que pour la plus grande commodité desdits fours dominicaux et utilité de ladite mense; et avançait pour
chose notoire que lesdites Garrigues dites *Pied-Long*
et *Pied-Petit*, ont été de tout temps particulièrement
réservées et mises en défense de l'autorité de nosdits
seigneurs illustrissimes archevêques, *pro tempore,*
sans qu'aucun habitant dudit lieu ait osé liguerer sans
encourir grosses peines; bien plus, ont été affectées
tant à l'usage desdits fours dominicaux qu'à autres ser-
vices et utilités de ladite mense, et que tous les délinquans auxdites Garrigues, tant habitans qu'étrangers,
savoir, quant aux habitans qui extirpent lesdites Garrigues, ou transportent le bois d'icelles hors du terroir
dudit lieu; et quant aux étrangers qui coupent ledit
bois en quelle façon et manière que ce soit, tous lesquels délinquans sont châtiés et amendés de l'autorité
de mondit seigneur illustrissime archevêque ou ses officiers, et l'estime du dommage donné auxdites Garrigues, appartient entièrement à ladite mense archiépiscopale ; et pour égard de la propriété desdites
Garrigues, savoir, *Combemasque, Las-Gardas,* et

bois d'Estor, prétendus par ladite communauté, ledit sieur avocat disait, que ladite *Combemasque* et *Las-Gardas*, appartiennent non-seulement en propriété, mais encore de plein droit à ladite mense, et icelle être en possession de vendre le bois de ladite *Combemasque*; et que pour regard desdits prétendus actes et sentence arbitramentale, a dit et soutient icelles ne pouvoir nuire aux droits seigneuriaux, et de possession foncière appartenant à ladite mense, et que par les susdits prétendus actes ladite mense ne peut être privée de son droit de possession, et que d'ailleurs ladite mense n'a été aucunement appelée en ce prétendu jugement, et avançait pour faire voir que ladite *Combemasque* ne peut appartenir en propriété à ladite communauté qu'il ne se trouve aucun établissement de demi-lods, en faveur de ladite mense, attendu que s'agit d'une communauté qui est *main-morte* : ce qui fait voir notoirement que ladite *Combemasque* appartient de plein droit à ladite mense, comme les autres Garrigues dudit territoire. Et quant à ladite Garrigue dudit *bois d'Estor*, ledit sieur avocat avançait icelle avoir été aliénée par ladite mense en qualité d'arrière-fief, pour raison de laquelle ladite communauté paye un demi-lods à ladite mense, et en cas de besoin ladite mense nonobstant ladite inféodation pourrait se servir du bois desdites Garrigues d'*Estor*, pour le service et usage desdits fours seigneuriaux et dominicaux; et plusieurs autres raisons étaient avancées de la part dudit sieur avocat pour le soutien dudit contrat et manutention desdites inhibitions comme aussi exceptions des autres repliques de la part desdits sieurs consuls et communauté de Châteauneuf, pour la cassation d'icelles et manutention de leur droit de possession, à occasion de quoi pourraient naître et survenir de gros procès non sans de grands et excessifs dépens; pour à quoi obvier auraient convenu et accordé comme ci-bas sera dit, affirmant icelles parties tout ce dessus contenir vérité.

Pour ce est-il que, l'an à la nativité de Notre-Seigneur, mil six cent trente-quatre, indiction romaine seconde, et le vingt-quatrième jour du mois d'août du pontificat de notre Saint-Père le pape Urbain, huitième de nom, année onzième; par-devant moi, notaire apostolique et royal citoyen de cette ville d'Avignon, soussigné, et en la présence des témoins ci-bas nommés, personnellement établis, révérendissime seigneur Julio Diotaleny, docteur en droit, prévôt de l'église de Rimini, dataire de la légation d'Avignon, vicaire et official général de monseigneur illustrissime et révérendissime Mario Philonardy, par la grâce de Dieu et du Saint-Siége apostolique, archevêque dudit Avignon et vice-légat spirituel et temporel, seigneur des lieux de Bédarrides et Châteauneuf-Calcernier, membre dépendant dudit archevêché, et magnifique seigneur Pierre-Joseph de Salvador, docteur en droit, auditeur de la cour de la rote du palais apostolique dudit Avignon, avocat et procureur-général fiscal dudit archevêché, par lequel ledit sieur Diotaleny a promis et promet faire ratifier le présent acte et tout son contenu, avec effet et sans faute, dans six jours prochains, à peine de tous dépens, dommages et intérêts, sous les obligations ci-bas écrites, d'une part; et Monsieur André Barbarin, notaire, et sieur Jean-Michel Carreau, et Guillaume Couturier, consuls et

trésorier respectivement de la communauté de Châteauneuf, et députés pour la passation des présentes,
par le conseil ordinaire dudit lieu, tenu le cinq avril
dernier, l'extrait duquel signé par M⁽. Jean-François
Bertet, notaire et secrétaire de ladite communauté,
ont illec exhibé, la teneur duquel sera ci-bas avant la
clausule, de quoi, de mot-à-mot insérée, par laquelle
communauté, particuliers, manans et habitans dudit
lieu, lesdits consuls et députés susdits ont promis et
promettent faire agréer et ratifier le présent acte et
tout son contenu avec effet et sans faute, et de ladite
ratification en faire expédier extrait en due et probante
forme, aux dépens de ladite communauté, à mondit
seigneur, aussi dans six jours prochains, à peine de
tous dépens, dommages et intérêts, sous les obligations,
juremens et renonciations et autres clauses ci-bas
écrites : procédant lesdits consuls de l'avis et conseil
de nobles et égrèges personnes de Messieurs François
Félix, assesseur de la présente ville d'Avignon, comme
privée personne, et Gilles Benet, docteur èz-droits,
acteur et avocat de ladite communauté, et Pierre-
Louis Gros, aussi docteur èz-droits de ladite ville, nommés par ledit conseil sus-énoncé d'autre part ; lesquelles
susdites parties, aux noms qu'elles procèdent respectivement par eux, leurs hoirs et successeurs à l'avenir
quelconques, mutuelles et réciproques stipulations
intervenant d'un côté et d'autre, sur tous et chacuns
lesdits procès, différens ci-dessus au narré des présentes particulièrement désignés leurs annexes, con-
nexes et dépendances quelconques, ont convenu, transigé et accordé, conviennent, transigent et accordent
comme s'en suit :

Premièrement ont convenu, transigé et accordé, conviennent, transigent et accordent, que lesdits consuls et communauté dudit lieu de Châteauneuf pourront faire ou faire faire chacune année perpétuellement aux susdites Garrigues, appartenantes à mondit seigneur, des fours de chaux jusques au nombre de trois tant seulement, et pour le chauffage et usage d'iceux, pourront couper et se servir du bois de toutes lesdites Garrigues dudit terroir dudit Châteauneuf, et aux endroits d'icelles que bon semblera auxdits consuls sans abus, fors et excepté des lieux et endroits ci-bas réservés et désignés.

Comme aussi a été convenu et accordé que ladite communauté jouira et usera paisiblement du droit de lignerer dans icelles Garrigues (excepté des lieux et endroits ci-bas réservés et désignés) pour l'usage tant seulement des habitans et forains ayant et possédant biens audit lieu et son terroir et de leurs entières familles pendant leur séjour et résidence qu'ils feront audit lieu et son terroir, sans abus, icelui bois consumant dans ledit lieu et son terroir, sans toutefois préjudicier de la provision nécessaire pour le chauffage des fours dominicaux de mondit seigneur illustrissime et de sa mense archiépiscopale et de ses fermiers dudit Châteauneuf et leur famille comme ci-bas sera dit.

Plus a été convenu et accordé que mondit seigneur illustrissime archevêque, sa famille et ses rentiers dudit Châteauneuf prendront et se serviront du bois desdites Garrigues non-seulement pour l'usage desdits fours dominicaux de la dite mense ; mais encore pour leur usage particulier et de leur famille, pendant leur séjour et demeure audit lieu et son terroir, respectivement aussi sans abus, quant auxdits rentiers.

Plus a été convenu que ladite communauté, habitans et forains, nonobstant la susdite permission de lignerer pour leur usage, tant seulement, ne pourront aucunement transporter hors dudit territoire le bois desdites Garrigues, ni faire trafic ni marchandises desdits bois et Garrigues, ni user d'aucune mauvaise versation en icelles, sur peine d'être amendés par mondit seigneur illustrissime et ses officiers, suivant l'exigeance du fait sur les peines accoutumées.

Plus a été accordé que ladite communauté, habitans et forains, ne pourront aucunement lignerer dans les Garrigues et bois dits *Grand-Piellon* et *Petit-Piellon*; mais que lesdites Garrigues seront mises en défense pour respect dudit lignerage à toutes les volontés de mondit seigneur, et pour le chauffage et usage desdits fours dominicaux dudit lieu de Châteauneuf, tant seulement; demeurant néanmoins en son entier le pouvoir et faculté à mondit seigneur et à ses rentiers de prendre du bois sur toutes les autres Garrigues, pour ledit chauffage desdits fours en cas de besoin et insuffisance, suivant ce que sera connu et trouvé bon par mondit seigneur illustrissime et sesdits successeurs pour le service de sesdits fours dominicaux, tant seulement; sans forme ni figure de procès, et *solá facti veritate inspectá*, fors et excepté de celles de *Combemasque*, *las Gardas*, bois de l'Estor, comme ci-bas sera dit.

Item, que pour éviter à l'avenir toute dispute, seront mises et posées bornes et limites auxdites Garrigues de Combemasque et de las Gardas, y appelés

(45)

L.dit sieur avocat fiscal et les consuls dudit lieu, aux frais et dépens de ladite communauté, et ce, dans quinze jours prochains.

Item, a été convenu et accordé que sera permis et loisible de mettre en défense pour le lignerage à certain temps tel quartier et partie desdites Garrigues que bon lui semblera, de l'autorité toutefois de mondit seigneur et de ses officiers, et non autrement, sans préjudice de la provision nécessaire pour lesdits fours dominicaux, comme dessus est dit.

Item, a été convenu et accordé que lesdits consuls et communauté seront tenus, ainsi que lesdits consuls et députés auxdits noms, ont promis et promettent, payer et supporter annuellement et perpétuellement à mondit seigneur archevêque et ses successeurs, une cense annuelle, inextinguible de seize francs en bonne et grosse monnaie audit jour et fête de Saint-Michel, première paye commençant à ladite fête Saint-Michel prochaine, et ainsi continuant annuellement; moyennant laquelle cense ne sera permis et loisible à aucune personne de faire, ni faire faire aucuns fours de chaux dans ledit terroir de Châteauneuf, mais cette faculté appartiendra entièrement et privativement à ladite communauté pour la quantité desdits trois fours de chaux tant seulement chaque année comme ci-dessus est dit.

Plus a été de pacte convenu et accordé, que nonobstant le présent acte et accord, mondit seigneur illustrissime pourra, ainsi qu'il a fait jusqu'à présent, donner et concéder à nouveau bail et emphythéose perpétuelle, les susdites Garrigues dudit Châteauneuf, pour icelles méliorer et réduire en culture, à qui bon lui semblera , fors et excepté celles de *Combemasque*, de *Las-Gardas* et du *bois d'Estor ;* en continuant icelle communauté de payer pour raison dudit bois d'Estor, le demi-lods déjà établi et payant à l'avenir perpétuellemeut pour raison de ladite *Combemasque* de *Las-Gardas* , pour l'iutérêt du droit de demi-lods et cense inextinguible seize sous tournois annuellement à chacun jour et fête de Saint-Michel l'archange , ainsi que lesdits consuls et députés aux susdits noms ont promis et promettent payer , premier paiement commençant audit jour et fête de Saint-Michel prochain , et ainsi continuant annuellement et perpétuellement à mondit seigneur illustrissime, ou à sa dite mense archiépiscopale.

Plus a été convenu et accordé que mondit seigneur et ses rentiers du lieu de Bédarrides pourront prendre du bois pour le chauffage des fours dudit Bédarrides , au quartier accoutumé du *Mourre de Piedredon*, sans que par ce aucun habitant ni forain dudit Bédarrides puisse aller lignerer ni depaître dans ledit quartier de Piedredon , ainsi qu'a été observé jusqu'à présent , et sous les peines et dommages applicables comme dessus est dit.

Item , a été accordé que toutes les peines , mulctes, et condamnations de ceux qui seront trouvés délinquans auxdites Garrigues , soit habitaus, forains ou étrangers , seront et appartiendront entièrement à mondit seigneur illustrissime et à ses successeurs , conformément aux criées déjà faites sur ce sujet; et pour regard du dommage qui sera donné auxdites Garrigues par lesdits habitaus, forains et étrangers, les deux tiers appartiendront à ladite mense et le restant à ladite communauté , excepté desdites Garrigues de *Pied-Long* et *Pied-Petit*, lequel dommage appartiendra entièrement à ladite mense , et celui desdites Garrigues *d'Estor* et *Combemasque* et *Las-Gardas*, à ladite communauté.

Item, a été accordé que la chaux qui se fera et proviendra auxdits fours, sera débitée et vendue aux habitans et forains possédant biens audit lieu et son terroir, pour icelle consumer et employer dans ledit lieu et son terroir, au prix ordinaire et accoutumé, et pour les étrangers , la dite communauté ou fourniers la vendront au prix honnête qui sera trouvé bon par lesdits consuls et communauté en observant à la vente et débitement de ladite chaux, ce qu'est porté par les criées sur ce ci-devant faites touchant la provision dudit lieu et son terroir de l'autorité de mondit seigneur et de sa cour.

Plus a été de pacte convenu et accordé que de tous les tuiles et malons qui se feront dans ledit lieu et son terroir, la vingtiéme partie se paiera à mondit seigneur ou à ses fermiers, de chaque fournée desquelles tuiles, les thuilissiers seront tenus d'en vendre et distribuer auxdits habitans et forains ayant et possédant biens audit lieu et son terroir au prix de vingt sous le cent , et des malons à douze sous le cent , jusqu'au quart tant seulement de chaque fournée pour les employer audit lieu et son terroir, toute fraude et abus cessant, et le restant aux étrangers, au prix que bon semblera auxdits thuilissiers.

Item, a été accordé que toutes et chacunes les dépenses et fournitures nécessaires concernant lesdits procès, présente transaction et leurs dépendances , seront payées et supportées par lesdits consuls, communauté, particuliers, et forains d'icelle.

Et illec même, établi ledit sieur Jacques Nalis, fermier et rentier desdits fours de chaux, lequel, en considération du nouveau bail à lui passé par mondit seigneur en sa faveur, de six saumées-Garrigues au quartier de *Pied-Long*, le vingt-troisième du courant, de laquelle lesdits consuls ont été duement informés par la lecture d'icelle qui leur en a été faite par moi dit notaire, sur son original, et pour autres considérations à ce le mouvant de son gré pour lui et les siens hoirs et successeurs à l'avenir quelconques, s'est départi et départ de ladite concession, bail et arrentement à lui fait par mondit seigneur révérendissime vicaire de Franchis, de faire lesdits fours de chaux, et a consenti et consent au barrement et cancellation dudit acte, reçu par moidit notaire, et de tout ce qui en dépend, demeurant ledit sieur Nalis comme il demeure par ces présentes duement déchargé envers mondit seigneur et de sa mense, de la rente de six écus portée par ledit acte au lieu et place de laquelle mondit sieur dataire et vicaire-général au susdit nom, a indiqué audit sieur Nalis, présent, à prendre de ladite communauté les susdits cinq écus et trente-six sous accordés par le présent acte, et ce annuellement durant sa ferme générale dudit archevêché; promettant encore ledit sieur Nalis, en tant que de besoin, à ladite communauté, lesdits consuls présens et stipulans comme ci-dessus, faire valoir et maintenir le susdit départiment et rémission de ses droits envers tous qu'il appartiendra, en due forme.

Plus il est accordé que, moyennant les choses susdites et icelles sauves, sera paix et concorde entre les susdites parties, et fin à tous procès et différends auxquels, chacun en ce qui le concerne, ont renoncé et renoncent *liti et causæ*.

Le présent acte d'accords et transactions, pactes, promesses et tout le contenu en icelui lesdites parties contractantes, chacune en ce qui les touche et concerne mutuellement, toutes mutuelles et réciproques stipulations intervenant, ont promis et promettent avoir à gré et n'y contrevenir à peine de tous dépens, dommages et intérêts qui s'en pourraient ensuivre; et pour observation de tout ce dessus, ont soumis, obligé et hypothéqué, soumettent, obligent et hypothèquent l'une envers l'autre, et au contraire : savoir mondit seigneur révérendissime vicaire-général, tous et chacuns les biens, rentes et revenus dudit archevêché, présens et à venir ; et lesdits consuls, députés susdits, solidairement comme dessus, les biens, rentes et émolumens de ladite communauté, et de tous et chacuns les particuliers d'icelle ; de l'un pour l'autre, comme dessus, aussi présens et à venir quelconques et leurs personnes propres, et des autres particuliers dudit lieu, et ce aux forces, rigueurs, carces, arrêts et contraintes des cours spirituelles et temporelles d'Avignon, Carpentras, Cavaillon, Vaison, et de tout le comté de Venisse, et outre icelles pour les biens que les parties ont ou auront hors les terres de Sa Sainteté, à toutes cours royales, aux ordinaires dudit archevêché et de toutes autres requises en due forme, avec constitution de procureurs irrévocables pour confesser en la meilleure forme de la

chambre apostolique. Ainsi l'ont promis et juré, re-
nonçant à tous aides de droit et lois à ce contraires,
même au droit disant la générale renonciation ne
valoir si la spéciale ne précède ou s'ensuit.

Teneur du susdit conseil et pouvoir desdits consuls
s'ensuit :

Conseil tenu dans la salle haute de la maison commune du lieu de Châteauneuf-Calcernier, pardevant
M. Agapit Paget, lieutenant du sieur capitaine Viguier
dudit Châteauneuf, par et entre discrets hommes,
Messieurs André Barbarin, Jean-Michel Carreau, et
Guillaume Couturier, consuls et trésorier respectivement de la commune dudit Châteauneuf, et Auzias
Dufour, M. Barthélemy Berlet, Blasi Silhac, Jean Ro-
sau, M. André Bertet, Jacques Mestre, Andrieu Du-
camp, Léonard Gitton, M. Louis Mestre, M. Jean David,
Pierre Richard, sieur Esprit Buisardin, M. Michel
Jourdan, M. Pierre Mestre, tous conseillers de ladite
communauté, demeurant assemblés du mandement
dudit sieur lieutenant, et à la requête desdits sieurs
consuls, par Claude Liautaud, sergent, ainsi qu'est de
coutume. Ce cinquième d'avril mil six cent trente-
quatre, où a été proposé par lesdits sieurs consuls et
par l'organe dudit sieur Barbarin, l'un d'iceux, entre
autres choses, comme ensuite de la charge à eux donnée au conseil tenu le 27 mars dernier passé, ils seraient transportés en la ville d'Avignon pour rapporter
la délibération prise audit conseil touchant l'affaire des
fours à chaux, laquelle ayant communiqué à Messieurs
les forains ayant et possédant biens audit Châteauneuf
et son terroir, se seraient lesdits sieurs forains assemblés pour délibérer entre eux sur ladite affaire, et à

leur assemblée aurait été délibéré de traiter des expédiens proposés sur ladite affaire, à la meilleure condition qui se pourrait faire au bénéfice de ladite communauté, et pour raison des formalités et des procédures qui seraient nécessaires et qui se devraient faire
pour l'assurance de ladite communauté, elles se
feraient de l'avis et conseil de Monsieur Benet, acteur
de ladite communauté, de M. Gros, docteur èz-droits
dudit Avignon, et auraient lesdits sieurs forains requis
iceux les sieurs consuls de faire assembler le conseil de
ladite communauté pour faire des députés pour tra-
vailler et traiter lesdites affaires; et en cas d'accord,
passer les actes et contrats que sur ce conviendra faire;
par quoi ayant requis sur ce être conclu et délibéré,
a été conclu et délibéré par tous les assemblés unani-
nement, et de ce faire ont donné plein pouvoir, mandement et autorité auxdits sieurs consuls de s'achemi-
ner en ladite ville d'Avignon, aux fins de traiter et
accorder avec lesdits sieurs forains, de l'avis toutefois
de Monsieur Benet, acteur de ladite communauté,
de prendre et arrêter les meilleurs et les plus utiles
expédiens, au profit de ladite communauté, et supplier
Monseigneur illustrissime et révérendissime archevêque d'Avignon, seigneur dudit Châteauneuf, iceux
vouloir accepter, et maintenir ladite communauté en
ses libertés et immunités, et iceux expédiens accordés
et résolus, passer outre à la transaction et accord qu'il
plaira à mondit seigneur vouloir passer avec ladite
communauté, sous toutefois les procédures, formalités
et clausules qui seront avisées par ledit sieur acteur,
ledit sieur Félix, et ledit sieur Gros, Paget, lieutenant, Barbarin, consul, Carreau, consul, ainsi signés à

l'original des présentes. Extrait du livre des conclusions de ladite communauté dudit Châteauneuf-Calcernier, par moi Jean-François Bertet, notaire secrétaire d'icelle. En foi de quoi, requis par lesdits sieurs consuls, me suis soussigné Bertet, secrétaire. De quoi.

FAIT et récité audit Avignon dans le palais apostolique et chambre de résidence dudit seigneur vicaire, en présence de messieurs Louis François Bellon dudit Avignon, et de Claude Boet, mon clerc, témoins requis et appelés, soussignés avec mondit seigneur et autres parties contractantes et assistant signés, — Julio Diotaleny, prévôt;—Pierre Joseph de Salvador, avocat fiscal, susdit; — Barbarin, consul; — Carreau, consul;— Félix, présent; — Pierre Louis Gros, présent; — Bellon, présent; — Latilly, présent; — Tenéty, présent; — Boet, présent; — et de moi Jean Bellon, notaire, qui ai signé;

BELLON.

Expédition collationnée et délivrée au requis de M. Michel David, maire de la commune de Châteauneuf-Calcernier, arrondissement d'Orange, comme ayant intérêt audit acte, par moi Pierre François Xavier Terrasse, notaire royal à la résidence de cette ville d'Avignon, soussigné, propriétaire détenteur des protocoles et minutes dudit Jean Bellon, quand vivait notaire à Avignon. En foi, à Avignon le vingt-quatre novembre mil huit cent dix huit.

TERRASSE.

Cette copie, telle qu'elle est ici rapportée, se trouve en ce moment à Paris, déposée chez M. le comte de Fortia d'Urban, en son hôtel, rue de la Rochefoucauld, n°. 12. C'est malgré ce titre bien formel que la commune vient de perdre la jouissance de ses droits, par la vente faite le 11 mars dernier, en faveur de divers particuliers d'Orange, sans aucune réserve. Elle s'est donc crue autorisée à présenter la pétition suivante, dont elle ne peut qu'attendre un heureux succès auprès de ses défenseurs naturels, qui ont déjà donné tant de preuves de leur zèle pour venir au secours des malheureux. Ce n'est d'ailleurs pas une simple bienveillance qu'elle implore, c'est une justice qu'elle réclame et qui ne lui sera sûrement pas refusée, surtout si les deux Chambres veulent bien l'appuyer du témoignage de leur intérêt.

On observera qu'il ne s'agit point ici d'une vente faite avant la Charte et consacrée par elle, mais d'une violation de proprieté faite sous le règne des lois et de la justice, contre les droits d'une population entière.

A

MONSIEUR LE PRÉSIDENT.

LES habitans de la commune de Châteauneuf-Calcernier, arrondissement d'Orange, département de Vaucluse, sont en possession depuis plus de six siècles du droit de bûcherer, de lignerer, de paître et de faire des fours à chaux dans les Garrigues, sur le terroir de leur commune. Ces Garrigues appartenaient, jadis, à l'archevêché d'Avignon ; elles font partie du domaine royal, depuis la réunion du Comtat à la France : une transaction passée entre la commune de Châteauneuf et l'archevêché d'Avignon, le 24 août 1634, reconnaît et consacre les droits des habitans, et relate des titres antérieurs qui remontent jusques au onzième siècle.

Ces droits avaient été exercés sans interruption, par les habitans de Châteauneuf, sans que ni les archevêques d'Avignon, ni après eux, le domaine royal, les eussent jamais contestés, lorsque la loi du 28 ventose an 11 parut : le maire de la commune ne crut pas que ses habitans fussent soumis à remplir les formalités prescrites par l'article 1er., parce que la transaction du 24 août 1634, prouve que les droits des habitans sur les Garrigues, avaient été reconnus et fixés par les tribunaux supérieurs du comtat, représentant en cette partie, ce que l'on appelait en France, le *grand conseil*. Il pensa que la commune était dans le cas de l'exception prévue dans l'article second de cette loi ; il présenta néanmoins dans le délai prescrit, la transaction du 24 août 1634, à l'autorité compétente qui ne jugea pas que le dépôt de ce titre fût nécessaire.

Les agens du domaine partagèrent cette opinion, et laissèrent jouir les habitans de leurs droits dans toute leur plénitude.

C'est dans cet état de possession paisible et publique, depuis plus de six siècles, possession fondée sur les titres les plus solennels, que les habitans de Châteauneuf, ont eu la douleur de voir vendre leurs Garrigues, sans la réserve expresse de leurs droits.

Ils ont adressé immédiatement leurs justes réclamations à M. le Préfet, qui paraîtrait les avoir écartées par deux motifs : le premier, tiré de la loi du 24 août 1793 ; et le second, de celle du 28 ventose an 11.

Il est constant que la commune de Château-neuf remit ses biens à l'État, à la charge de ses dettes, en vertu de la loi du 24 août 1793. Mais elle ne put remettre la propriété des Garrigues, qui faisait partie du domaine de l'archevêché d'Avignon. Quant aux droits dérivant de la transaction, ils ne constituent pas des biens susceptibles de l'application de la loi du 24 août 1793. Ce sont des servitudes établies de temps immémorial, pour fournir à la masse des habitans, des moyens de chauffage et de dépaissance. Des droits de cette nature n'ont pu être regardés comme des biens patrimoniaux de la commune, et qui puissent être l'objet d'une vente ou d'un abandon. Il n'a pu entrer dans l'intention des habitans de les céder à l'État, avec les autres biens de la commune ; ce qui le prouve invinciblement, c'est la continuité de possession qu'ils en ont conservée après la loi du 24 août 1793, et jusqu'à ce jour.

La commune de Châteauneuf ne peut pas avoir encouru de déchéance, en vertu de la loi du 28 ventose an 11, puisque, d'une part, cette loi n'en prononce point, et que de l'autre, la commune est au cas de l'exception établie par le second article de la loi.

Elle est fondée à croire que cette exception lui est applicable, soit en vertu des transactions, soit d'après sa jouissance non contestée et non interrompue, dont la privation entraînerait leur ruine entière. La principale ressource des habitans consiste en troupeaux ; et, sans la faculté de la dépaissance, il leur serait désormais impossible de les conserver et de satisfaire aux charges publiques.

Ils osent donc porter très-respectueusement leurs très-humbles supplications auprès de vous, Monsieur le Président, pour qu'il vous plaise faire part à l'auguste assemblée que vous présidez, des justes prétentions que les habitans de Châteauneuf ont de jouir de leurs droits, sur les Garrigues de leur commune, comme ils en ont joui, jusques à ce jour, conformément à la transaction du 24 août 1634.

Nos supplications ont été faites à Sa Majesté Louis XVIII, sur le même objet ; nous vous prions de les appuyer de tout votre pouvoir, et faire justice.

A Châteauneuf-Calcernier, le 3o avril 1819,

Signé : JAUFFRAND, *membre du conseil.*

RAYMOND, *id.*

Pierre CHABERT, *id.*

C. TALIEU, *id.*

Gabriel ALLEMAND.

P. J. MARIN, *Adjoint.*

DAVID, *Maire.*